O Propósito da Sua Alma: A Reencarnação e o Espectro da Consciência na Evolução

Dan Desmarques

Published by 22 Lions Bookstore, 2019.

Sumário

Direitos Autorais.. 1

Sobre a Editora 3

Introdução 5

A Importância da Reencarnação na Evolução.. 7

Como Evoluímos?.. 9

Como a Imaginação Interfere na Evolução.. 11

As Etapas da Mudança 15

Qual é a Causa da Decadência Humana? 19

Qual a Relevância do Sofrimento na Evolução?.. 23

As Implicações da Reencarnação no Individualismo....................................... 27

A Evolução Além da Genética Humana... 29

Como a Moral Conduz à Iluminação... 31

A Responsabilidade Como Base da Consciencialização.................................. 33

Como Lidar Com a Maldade dos Outros... 35

Quantos Níveis tem a Consciência? 37

Como o Mal Interfere na Consciencialização?.. 41

A Ilusão da Imunidade Espiritual 43

O Caminho dos Escolhidos por Deus... 47

A Percepção da Justiça e os Níveis Espirituais.. 49

Como as Ações Negativas Afetam a Consciência 51

A Assimilação do Pecado e do Castigo Divino.. 55

A Ponte Entre o Visível e o Invisível 57

Como Reconhecer Conhecimentos de Vidas Anteriores? 61

A Transmutação da Identidade 63

Direitos Autorais

O Propósito da Sua Alma: A Reencarnação e o Espectro da Consciência na Evolução

Escrito por Dan Desmarques

Copyright © Dan Desmarques, 2019 (1ª Ed.) Todos os Direitos Reservados.

Publicado por 22 Lions Bookstore & Publishing House

Sobre a Editora

Sobre a 22 Lions Bookstore:

www.22Lions.com

Facebook.com/22Lions

Twitter.com/22lionsbookshop

Instagram.com/22lionsbookshop

Pinterest.com/22lionsbookshop

Introdução

A evolução humana é afetada por uma multidão de elementos, muitos dos quais se manifestam durante o processo de reencarnação através de muitas vidas. Ao longo destes caminhos, embora a prosperidade pareça ser a regra predominante que orienta todos em direção a certos caminhos em sua existência, seja esta mais positiva ou negativa, existem muitas outras que tendem a ser invisíveis para as massas. Estas regras estão relacionadas com o carma, a geometria sagrada e os valores cósmicos. E a distinção entre estas e a nossa própria consciência determina nosso nível de sucesso, em nossos relacionamentos, finanças e medição da felicidade. Não se pode simplesmente ser feliz sem cumprir um papel espiritual no universo enquanto se obedece a este. E, no entanto, muitas pessoas esquecem este princípio básico, quando perseguem ilusões que não as satisfazem. Neste sentido, o propósito deste livro consiste em esclarecer o objetivo da vida humana e o que precisa ser levado em consideração para entender como viver a vida ao máximo dentro de um plano maior, até mesmo cósmico, e não simplesmente o presente no planeta Terra.

A Importância da Reencarnação na Evolução

A reencarnação poderá drasticamente alterar a condição em que uma pessoa se desenvolve, mas apenas até certo nível, já que todos os seres humanos são dotados de liberdade para pensar e exercer sua capacidade imaginativa para atrair respostas que os conduzem ao universo de experiências desejadas. E estes, são quem possuí todo o potential para alterar também o estado planetário, através duma intervenção no estado da consciência global presente. A partir deste estado mental, é possível então usufruir duma evolução até planos superiores a este, o que deveria ser uma ambição permanente de todos os seres que aspirem à iluminação. Pois o contrário manifesta-se nos muitos outros que regridem a planos inferiores, onde as limitações são maiores.

Para compreendermos estas diferenças, basta-nos observar as próprias manifestações que a vida nos oferece e correlacionar as variáveis com as causas por detrás de todos os eventos que nos surgem. Em suma, a diferença entre as sociedades ricas e as pobres, dentro do mesmo planeta, manifestam tendências de consciência grupal numa escala maior. E assim, mostram-nos que as oportunidades e as experiências são muito diferentes; Os níveis e as velocidades de aprendizagem são desiguais; O grau de sofrimento e felicidade são tremendamente distintos. E neste sentido, e tão relevante reconhecer porque reencarnamos em tais nações, como é reconhecer o potencial que temos, como seres espirituais, para atravessá-las e escolher em qual pretendemos viver. Neste contexto, é interessante observar tanta gente, oriunda de países mais evoluídos, fazendo trabalho voluntário, ajudando ou simplesmente vivendo em países muitíssimos mais pobres. Este processo de regressão espiritual voluntária ocorre também entre planetas, pelo que não devemos considerar todos os seres nesta situação como anjos caídos ou alienígenas castigados. A maioria dos casos, como os que observamos na terra, com as crianças indigo, são voluntários.

A relação entre todos os seres num mesmo planeta é bastante mais ténue do que se possa pensar, e nem os 7 biliões de pessoas neste planeta podem afastar a proximidade que existe entre todas elas, em qualquer canto do mundo, e apesar das desigualdades de passados planetários ou interplanetários que as possam parecer desunir. Estamos todos unidos, quer podamos perceber isso ou não, pelo mesmo sistema de valores. A vontade independente não se encontra separada de tal sistema. E o karma é apenas a palavra que damos ao processo de ignorar as regras cósmicas que regem cada uma das nossas vidas. De facto, quanto menos espiritual e menos conscience for uma pessoa, mais sujeita tal pessoa está às consequências cármicas de suas acções.

Este sistema cármico não teria tanto impacto se a telepatia fosse um fenômeno involuntário em vez de voluntário. Pois automaticamente perceberíamos o valor da empatia, da compaixão, da verdade e da cooperação. Se soubermos como, e estivermos suficientemente evoluídos para tal, o pensamento de qualquer ser humano em qualquer parte do mundo, pode ser visualizado e compreendido por um outro em qualquer outra parte. Pois a verdade é que, grande parte dos pensamentos que nos ocupam a mente, raramente nos pertencem, e em alguns casos nem mesmo são originários desta galáxia ou plano físico de realidade.

É porque todos nós compartilhamos a mesma consciência coletiva, em um nível subconsciente para a grande maioria, que contar uma mentira é sempre um crime espiritual contra aqueles com quem nós a compartilhamos, tanto quanto para connosco mesmos e toda a humanidade. Aqueles que mentem cometem um pecado espiritual e têm consequências cármicas sendo atraídos por eles. De fato, à medida que o ser humano evolui para estados mais elevados de consciência, chega à conclusão de que contar uma mentira, especialmente aquelas que protegem sua reputação, contradiz seu próprio propósito e evolução espiritual. E assim, ele se vê incapaz de estar entre aqueles que, por não serem tolerantes em relação às diferenças, por não estarem evoluídos, forçam uma pessoa a mentir. E, infelizmente, chega também à constatação de que isso é um fato dentro de todas as congregações, tanto quanto nas camadas mais baixas da sociedade, pois uma mentalidade tribalista sempre convida à ignorância em diferentes formas.

Após essa constatação, ele chega à conclusão de que não pode compartilhar o mesmo espaço com a maioria dos humanos sem causar inevitável conflito e discriminação, começando com uma coleção de vários insultos e terminando em violência e, em alguns casos, até em morte. E que pena, quando em nome de uma mentira, multidões sacrificam o melhor entre elas, quando o oposto deveria estar acontecendo, como sempre foi o desejo de Deus - proteger os poucos dentre os muitos.

Como Evoluímos?

O modo como a matéria se move em cada planeta obedece a diferentes leis, mas todas elas se regem por uma mesma ordem superior a todas. Tais leis são reconhecidas através do potencial espiritual. Uma crescente intenção composta por ações no plano físico, mental e espiritual, conduzem ao reconhecimento deste mesmo potencial. Por intenção num plano físico, compreendem-se todas as ações e decisões; a nível mental, estamos falando da sabedoria acumulada através da aquisição de conhecimento empírico; no que concerne à espiritualidade, referimos-nos não necessariamente à meditação, mas todas as ações que conectam o coração com a imaginação, despertando assim o nosso potencial espiritual. Pois o oposto da autodestruição através do medo e do ressentimento, é a ambição manifesta no sonho composto por emoções, o mesmo estado de expectativa que uma criança sente quando olha para os brinquedos de natal, ainda embrulhados em papel reluzente.

Como exemplo, nosso espírito pode reconhecer-se na possibilidade de voar. Podemos sonhar que podemos voar e, no sonho, voamos, ainda que nosso corpo físico não possa voar. E no entanto, o corpo é material e o espírito não, portanto é o espírito que reconhece as leis divinas. Se o espírito crê que pode voar, ele voa, ainda que não possa controlar o corpo nesse sentido. É por causa deste sonho, que aviões, paraquedas, asas-delta, e tantos outros métodos que nos permitem suster o corpo no ar por longos períodos de tempo foram criados. Por outro lado, estando o espírito separado do corpo, sabemos que, em outras realidades que obedeçam a diferentes leis da física, o espírito pode fazer voar o corpo, ainda que na realidade terrestre não o consiga. Embora neste caso, tenhamos que usar a matéria para fazer voar o corpo, como é o caso da construção de aviões, em outro planos existenciais, outros planetas, podemos usar somente a intenção.

Isto não significa, no entanto, que não seja possível voar usando apenas o poder mental no plano terrestre. Mas a composição física do planeta é tal, que esse poder só poder ser exercido quando complementado como uma componente genética ao mesmo nível. Por outras palavras, existe uma correlação entre o nosso estado mental e genético que necessita estar em equilíbrio, para que a evolução a nível espiritual possa beneficiar ambos.

Um exemplo freqüentemente ignorado mas extremamente importante para explicar este fenómeno, pode ser visto em crianças dotadas de capacidade para a programação informática. De modo geral, nascem em famílias que já possuem os genes necessários para facilitar esse exercício mental. E, embota não seja possível afirmar que os genes limitam o desenvolvimento, o desenvolvimento, em si, não é possível sem que os genes evoluam também. E uma das maiores falácias, ainda por descobrir, em detrimento dos bilhões de dólares, feitos todos os anos pelas companhias farmacêuticas, beneficiando da ignorância de muitos, é que realmente possuímos o potencial para alterar nosso código genético. Podemos fazê-lo de três maneiras, sendo a mais fácil, a física, i.e., através da alimentação. É por isso que os membros da escola Rosacruz e da Escola de Pitágoras, sempre foram vegetarianos. Não é possível evoluir rapidamente a nível espiritual sem uma intervenção directa no estado do nosso corpo, através do que ingerimos. Por outro lado, muitas pessoas destroem o campo energético do seu corpo, através do sexo irresponsável com pessoas estranhas, e o sexo com demasiados parceiros ao longo da vida. E isso, não só é nefasto para o campo magnético do ser, mas também para a sua saude — mental e física. Os promíscuos, tendem a sofrer mais com cistos, ulceras, depressão e outras desordens orgânicas e mentais, que não são tão comuns quanto as ações por detrás de seu surgimento.

Como a Imaginação Interfere na Evolução

Não compete aos seres humanos do planeta terra aprender a levitar ou voar como os seus super-heróis, fruto de um imaginário concebido a partir de realidades que existem paralelamente. É uma perda de tempo desperdiçar o espírito em tarefas que não desenvolvem a alma. E esta obedece às regras de desenvolvimento do planeta em que se insere. Neste sentido, a função dos seres do planeta terra é aprender de acordo com a sua mente, a sua inteligência, através da relação com o coração. Mas muitas pessoas esquecem isto, quando se deixam guiar por seus instintos ilógicos, ou sua necessidade consciente de manifestar ideias que existem apenas na mente, mas não as realizam ou conduzem a um estado feliz.

Para os seres que residem na terra, a aprendizagem respeita ao uso da inteligência para aprender a controlar a matéria e assim aprender sobre as leis desta, embora muitos optem por se deixar controlar, pela tecnologia, pelas opiniões dos outros e pelo estado do planeta. Muito poucos podem reconhecer oportunidades durante períodos de crise. Durante muitos momentos de crise econômica, várias instituições bancárias emprestaram dinheiro sem quaisquer condições ou expectativas. Poucas pessoas se deram conta disso. Entra elas, muitas perderam a oportunidade por pensarem que jamais poderiam pagar tal valor de volta. Desconheciam o facto de que muito provavelmente jamais teriam que o pagar. Menos ainda, consideram que, durante um desses momentos, encontram o momento ideal para pedir um empréstimo e viajar para outro país, onde podem viver melhor.

O polo oposto também se manifesta nestes casos, quando pessoas que pouparam durante toda uma vida em países mais ricos, perdem tudo em um único dia. E no entanto, os que se deixam atormentar por tais acontecimentos, não verificam a realidade oposta. Muitos milionários surgiram durante grande crises econômicas. Muitas pessoas perderam suas casas durante estes momentos, enquanto outras, puderam adquirir a casa de seus sonhos por um preço até dez vezes inferior ao normal.

Aqueles que percebem o suficiente sobre as oportunidades e possibilidades do mundo material, compreendendo todas as leis intervenientes neste, tornam-se capazes de ascender a outros planos de realidade, onde continuam a aplicar os mesmos princípios prévios, agora numa materialidade mais generalizada e subtil, como, por exemplo, no controlo de negócios e empresas. A um nível superior, diríamos com o poder da mente. Mas a verdade é que, num planeta em que o valor de cada ser humano ainda é medido através do quanto dinheiro ele pode obter, a evolução espiritual tem que necessariamente atravessar este quadrante da realidade. Só depois alguém pode realmente mudar o mundo e ser um altruística filantrópico. Um pobre não pode ajudar ninguém. Seu poder é extremamente limitado. E portanto, sua inteligência e estado espiritual, encontram-se limitados também, ainda que possamos considerar tal situação como um "potencial adormecido".

Cada planeta assume um propósito generalizado, mas em todos eles existem leis que coordenam a geometria sagrada no mesmo sentido. No caso do planeta terra, isso respeita a aprender a usar a matéria para compreender o espírito e assim ascender espiritualmente. Os seres que estão neste caminho devem se dedicar a experienciar a vida o mais possível – pelo trabalho e aprendizagem constante, acompanhada de sentimentos, os mesmos sentimentos que lhes confere à consciência a sensação de certo e errado. E o caminho mais rápido para isso verifica-se através do contacto permanente com outras culturas e modos distintos de vida.

Todos os seres que falham nesta aprendizagem sofrem consequências ao nível do corpo físico e encaminham-se rapidamente para a morte, enquanto os que sucedem aprendem mais sobre eles próprios e transformam mais rapidamente suas dinâmicas existenciais, conseguindo atingir os seus sonhos e sonhando depois ainda mais e sucessivamente no sentido de se desenvolverem espiritualmente.

A evolução espiritual prende-se tanto com o imaginário que nem sempre a distinção entre um guru e um esquizofrénico se mostram claras. Enquanto tal se mostra assim, muitos buscam por atalhos no campo das drogas psicotrópicas, apresentando, salvo raras exceções, poucas distinções entre um xãman e um mero viciado em prazeres químicos. Ainda assim, embora muitos espiritualistas e

O PROPÓSITO DA SUA ALMA

iluminados possam ser confundidos com loucos, permanece o facto de que "a verdade não é para todos os Homens, mas apenas para os que a procuram" (Ayn Rand).

As Etapas da Mudança

O desejo dum ser humano pode ser analisado em função de níveis de maturidade mental, e maturidade espiritual, embora ambas estejam relacionadas, e materialidade, ou melhor dizendo, potencial perante a realidade material de que dispõe.

Embora a larga maiorias das pessoas esteja concentrada na componente material, esta depende totalmente das outras duas para justificar a validade e valor do desejo. Só a partir daí as visualizações, remetendo a particularidades destas três áreas, podem transferir a individualidade para um plano superior. De facto, a depressão, os pesadelos e os medos, são, na larga maioria das situações, somente representações exteriores de um estado interior negativo, descendente, e doentio. A pessoa que sofre está doente, mas apenas porque não está progredindo. E qualquer terapia que não reforme a capacidade de uma pessoa para evoluir, nunca será eficaz, nem produzirá resultados que podem ser medidos a longo prazo.

Dito isto, o sonho mais elementar, é todo aquele que respeita a ilusões materiais e sociais, tais como, o ter dinheiro, sucesso, e fama. É elementar porque respeita a ilusões despertadas por necessidades, as quais refletem fundamentalmente, dor emocional. Num nível superior a este, ainda que básico, temos a materialidade propriamente dita, a necessidade combinada com o acto, motivado pela ambição. É o obter um carro, uma casa, um emprego, e até amigos e parceiros sexuais, um casamento, filhos, etc.

Acima deste estado materialista, mas relevante para se conhecer os estádios superiores da alma, encontramos a necessidade da mudança, da transformação. E não é por acaso que as pessoas que mais se esforçam por evoluir, sofrem mais com as mudanças. Seu sofrimento surge apenas porque consideram as duas realidades, interior e exterior, distintas. E seu sofrimento não é mais que uma falta de consciência para a necessidade de tomar responsabilidade por aqueles que possuem um nível de responsabilidade bem inferior. Assim, um sonho elevado teria que ser, não apenas altruísta, mas também egoísta, a um nível equalitário.

Aqui, encontramos a relevância de conectar os elementos da vida que estão em permanente mudança, ainda que tais mudanças sejam, ou pareçam, rápidas demais.

O segredo para o sucesso neste plano está na felicidade, no centrarmo-nos na chispa divina que se encontra latente em nosso coração. Só assim podemos desejar e abraçar a mudança, em total consciência da felicidade permanente, bem como dos elementos negativos que se desassociam de nós, sejam eles pensamentos, elementos físicos, ou até mesmo pessoas.

O sonho espiritual por via da imaginação representa uma busca pela transformação interior, concentrando-se no atingir da satisfação de sentimentos – a busca da felicidade e, em última instância, a paz de espírito. Nesta medida, sabemos que no maior caos material encontramos o menor potencial dinâmico terrestre e na organização pacifica o maior potencial. Ainda assim, qualquer transformação significativa tem que emergir do caos, e o caos é sempre a via pela qual a revolução interior se manifesta. Um ser humano não se transforma até que sofra primeiro. E embora o sofrimento não seja necessário, qualquer desapego o causa, principalmente quando esse desapego representa as coisas ou pessoas que mais amamos. Assim, o ser que melhor controla a matéria, mais rapidamente se eleva espiritualmente, sendo quem sofre mais neste processo alquímico. E é por isto que compreender alquimia é relevante, não apenas para entender as dinâmicas da realidade em que vivemos, mas também as que despertamos interiormente.

Sabemos que a matéria é controlada por energia, e, por isso, sabemos também que os seres menos espirituais creem que esta só pode ser controlada com outras materializações, como dinheiro, conhecimento e oportunidades sociais. Eles são escravos do universo exterior. E qualquer pessoa que se identifique como vítima do destino, ou da fortuna, de modo geral, é necessariamente um escravo da realidade em que se insere, não obstante o seu estilo de vida e a ilusão de liberdade que possa sentir ou transmitir aos outros. A verdade é que, um carro, uma família, uma casa, e férias, duas a três vezes por ano, não tornam uma pessoa feliz e não são significativos de liberdade. No entanto, porque as pessoas creem nisso, estes são os limites de sua ambição. E se dedicarem toda uma existência a estes fins, consideram-se felizes, até mesmo se não os alcançarem.

O PROPÓSITO DA SUA ALMA

Não é surpreendente portanto que, numa reencarnação posterior, tenham que reencarnar como um porco ou uma ovelha, e esperar toda uma existência por sua carnificina. Pois só deste modo compreendem o que não compreenderam antes. E o que é a morte, senão uma carnificina ainda mais dolorosa? Muitas e muitas almas, ficam, após sua morte física, pairando no mundo, sofrendo durante anos, e até décadas, a reflexão de sua ignorância. De certo modo, a vida após a morte, representa o estado espiritual mais doloroso para os muitos ignorantes que o experimentam. E como é curioso que, entre todos os medos, este seja o mais ignorado.

Não creio que o inferno seja pior que este estado espiritual. Na verdade, o inferno é bem representado pelo estado do planeta terra. A dor da consciencialização acelerada, por outro lado, contém mil vezes mais sofrimento. Um sofrimento de tal modo elevado, que os que se tornam loucos no processo, são os demónios conhecidos por muitos.

Este estado espiritual só pode ser acalmado através da possessão espiritual. E é por este motivo, que quantos mais ateus existem no mundo, e quanto mais ignorantes são os seres humanos em relação ao seu estado espiritual e as mecânica da existência de que fazem parte, mais seres vivos acabam sendo atormentados por entidades espirituais. E como é interessante, que os mais atormentados sejam os não-crentes, os ateus, bem como os viciados em drogas, álcool e outras substância narcóticas. E não é mais interessante ainda verificar que tendem a ser os mesmos? É realmente extraordinário verificar a espiral descendente em que muitos seres humanos se encontram, pois a cada passo que dão na direção de níveis mais inferiores do seu inferno, mais previsíveis se tornam.

Realmente podemos negligenciar o poder demoníaco, quando nós, como espécie, estamos largamente nos destruindo. Tudo começa com o primeiro vício, a primeira risada perante os temas espirituais, o primeiro insulto a um cristão, hindu ou gnóstico. A partir daí, os idiotas estão sinalizados, e as almas atormentadas sabem quem procurar, e como satisfazer as necessidades que tinham em vida, através dos vivos. E como é interessante que tanta gente pense que os pensamentos são impossíveis de controlar, pois os únicos pensamentos que você não pode controlar, são os pensamentos que não lhe pertencem.

DAN DESMARQUES

O mundo espiritual e físico nunca estiveram tão unidos, e a humanidade nunca esteve tão adormecida e nunca foi tão ignorante, a tão grande escala, na sua história. Pelo que, uma destruição apocalíptica, neste caso, não é apenas lógica, mas necessária. A questão que devemos colocar é: Será esta a solução?

O motivo porque lanço esta pergunta é simples. Todas as religiões do planeta estão corrompidas, e o número dos escolhidos para a salvação, é tão pequeno, que dificilmente poderiam reconstruir um planeta inteiro sozinhos. O serem adoptados por raças alienígenas mais amorosas que a raça humana faria muito mais sentido, na verdade. E dum ponto de vista espiritual, só isto permitiria uma manifestação de maior grau após tal destruição.

Qual é a Causa da Decadência Humana?

A maioria das pessoas alimenta, através de atitudes degradantes, uma ganância egocêntrica, que torna suas existências muitíssimo limitadas e vulneráveis aos efeitos do mundo espiritual. Tão depressa enriquecem, como logo morrem com uma doença drástica ou um acidente fatal. E este facto explica porque, em sociedades mais pobres, a população acredite tanto em sorte e vontade divina, numa total apatia perante a própria responsabilidade sobre suas vidas. De facto, quando a ignorância é tremenda, tudo o que nos sucede parece fruto da sorte ou poderes mais elevados. É necessária uma certa capacidade intelectual e maturidade espiritual, para se compreender a relação entre o mundo físico e o mundo espiritual, e nem sempre as religiões pretendem que as pessoas a consigam alcançar. Na verdade, raramente uma religião moderna tem esta finalidade, pois seu historial é baseado no controlo, e o controlo não é possível sem uma aceitação em massa.

É um facto já conhecido da psicologia, que as massas nunca são receptivas à verdade. Seu estado, de modo geral, infantilizado, e sua moral extremamente baixa, impede que a consciencialização se manifeste. Na verdade, nunca a conscientização se pode manifestar sem ética, e a ética depende de uma compreensão clara dos valores morais que devem reger a humanidade. E como pode alguém compreender moralidade, quando sua mente está formatada e cega pelo filtro da cultura e nacionalização?

Sabe, com um sentido de nacionalismo forte, jamais você ou outra pessoa compreenderá o que é a ética. Os dois estados mentais, tribalismo e individualismo, são incompatíveis. Você não pode ver as pessoas como divisões de algo imaginado, como é o caso das nações, ou aspectos materiais, como a aparência física e a cor da pele, e depois dizer que é uma pessoa com bons pensamentos, espiritual, ou o que quer que seja neste sentido. Todas as pessoas que se orgulham de sua nação, mas acreditam poder evoluir espiritualmente, são hipócritas e idiotas. Como pode você ter orgulho de algo que não fez, como nascer numa nação, e depois querer ter orgulho sobre algo que não pode sequer compreender? Não é de admirar que a meditação seja tão difícil para estas pessoas. Um bom livro traria mais resultados que sentar no chão, com os olhos fechados, e esperar que uma mente cheia de estupidez, se ilumine. Alguma vez uma lâmpada pintada de preto pode iluminar? E que tipo de luz uma lâmpada verde ou vermelha pode dar? Uma pessoa louca que medite, torna-se mais louca. Uma pessoa hipócrita, que medite, nunca ontem resultados. E uma pessoa egoísta, que medite, torna-se uma espécie de autista disfarçado com máscaras sociais.

Não existe qualquer tipo de resposta pratica que eu possa dar as estas pessoas, sempre que me pedem ajuda para a sua prática de meditação. Há mais de 25 anos que escuto as mesmas perguntas. Mas a resposta, negada por todos, é a mesma: Uma mente ignorante jamais consegue resultados ignorando sua ignorância. Isto devia ser obvio, não? E no entanto muita gente com cursos universitários, muitos psicólogos, muitos psiquiatras, e muitos cientistas que conheci, não conseguem entender isto.

Não importa o estatuto social, o nível educacional, ou o nível financeiro que um ser detém, pois as leis que regem o planeta terra seguem uma ordem que transpõe todas as situações imagináveis nestes planos. Neste sentido, todos aprendemos.

Um indivíduo pode ser excelente no controlo dum pequeno universo material e adquirir, por isso, um ótimo auto-controlo que lhe permite elevar-se espiritualmente, ou ser péssimo no controlo dum vasto universo material, o que lhe não permitirá evoluir com este. Nas emoções que sentimos, na nossa interação com o plano de realidade que a vida nos oferece, reconheceremos o nosso estado espiritual, porquanto só poderá se estar encaminhando no sentido da maior paz ou sofrimento. E a verdadeira paz, no entanto, não é possível sem o conhecimento verdadeiro, a auto-realização, e a satisfação de três tipos de necessidades: Física, espiritual e mental.

Muitas pessoas que buscam o amor, esquecem a importância do sexo em suas vidas. Muitas pessoas em busca do prazer sexual, esquecem a importância do amor em suas vidas. E em ambos os casos estamos falando de prazeres físicos.

Ainda que obter um carro de luxo ou comprar um castelo, possa para muitos constituir um prazer superior ao amor ou sexo, a verdade é que, como seres humanos, sempre criamos prioridade no que nos toca a um nível mais generalizado. Se isto fosse compreendido, os casais seriam mais felizes. Pois todas as discussões surgem da mente de seres humanos inacabados. E a psicologia pouco ou nada pode fazer por alguém que não tem qualquer interesse em evoluir por meio da leitura e estudo, por meio da humildade, e por meio da responsabilidade.

Pedir desculpa é um acto, estranhamente, difícil, se não impossível, para muita gente. E neste sentido, ser estúpido não se mostra tão relevante, quanto o dar-se conta da estupidez e ser-se capaz de aprender com as consequências de nossos actos. Pois quando muitas mulheres se queixam de que os homens buscam apenas as mais jovens, e menos experientes sexualmente, esquecem que uma vida de putaria não é um direito, mas uma decisão sobre a qual devem ser responsáveis. Pois jamais os homens são obrigados a aceitar mulheres que se prostituem. E embora não me surpreenda que um dia alguma mulher tente passar uma lei que impossibilite os homens de rejeitarem mulheres nojentas, a verdade é que não podemos falar em igualdade de direitos, até que possamos compreender as diferenças nessas igualdades. Pois a verdade é que, como putas, tais mulheres não podem ser boas mães ou companheiras fieis. Em cada acto sexual, uma celebração espiritual dum casamento, o cérebro fica corrompido pela falta de empatia no acto. E é precisamente a empatia que certifica alguém como capaz de criar uma criança saudável.

O mundo não precisa de mais psicopatas criados por mães loucas. E é por isso que os homens têm o direito, não só a rejeitar, mas totalmente ostracizar mulheres com atitude de prostituta, pelo bem da evolução humana.

Muito também poderia ser dito também sobre os homens que existem na actualidade, mas curiosamente, as mulheres sempre escolhem os mais promíscuos e agressivos, por considerarem estes mais adequados, estimulantes, competentes e sexualmente compatíveis. Resta-nos pensar sobre este fenómeno, enquanto consideramos se as conclusões são relevantes. Pois o que as pessoas desejam e exigem dos outros, não é, com frequência, o que fazem em suas vidas.

Qual a Relevância do Sofrimento na Evolução?

No sofrimento, a matéria encontra a destruição e, na paz, a fusão com os restantes elementos. Ao se conhecer melhor em sua identidade espiritual, um ser encaminha-se na compreensão das leis que regem o universo e no princípio de todas elas, como é o caso do princípio por detrás da sagrada geometria dos elementos que compõem a matéria. E, em sentido contrário, encaminha-se face à sua destruição, porque, na ausência de harmonia, o universo destrói o que não é compatível com a sua ordem de modo a poder mantê-la.

Um ser não pode contrariar as leis do universo, mas pode agir sobre elas, criando divergências e várias hipóteses originais, a partir do mesmo princípio já pré-existente. Em suma, o ser humano pode criar seguindo a lei divina, mas não pode contrariá-la. Esta, encontra-se presente em todos os elementos, e até mesmo na estrutura do pensamento e da mente que o cria.

O ser humano pode agir como um deus e ser um deus do seu mundo, dirigindo-se no sentido de possuir mais poder, mas não pode agir contra as leis de Deus, pois estas são superiores a ele, estão na sua origem, e é delas que é composto. Agir contra a consciência superior seria agir contra o próprio. Tal é a verdade que a pode reconhecer no seu âmago, tanto na sua dor, como felicidade mais profunda.

O suicídio da alma, mediante o silenciar da consciência para a verdade, é, por isso, o ato mais pecaminoso que se pode ter, apesar de ser o mais comum. Todos os que o cometem, decrescem no seu nível espiritual, encaminhando-se para uma realidade onde a materialidade assume cada vez maior importância, para que possam aprender mais, de modo simples, sobre a espiritualidade. E a maior simplicidade de todas em relação à materialidade, surge quando não se possuí qualquer controlo sobre esta. Isto é muito óbvio com a pobreza extrema, a fome, e as doenças que incapacitam.

O sofrimento profundo das eras romana e medieval, não diminuíram o grau de espiritualidade no mundo, mas antes o impulsionaram para níveis mais elevados. Resta-nos agora saber se é necessário outra era de sofrimento global para que os seres humanos sejam de novo empurrados para uma compreensão mais elevada sobre a sua espiritualidade.

Enquanto uns só aprendem quando à beira da morte, e outros nem mesmo assim, uns poucos regridem espiritualmente perante o sofrimento promovido pelos anteriores. Portanto, o futuro dum planeta inteiro como este, tem que obrigatoriamente residir na relação entre os menos e os mais espirituais, e as guerras pelos direitos de ambos continuam, como sempre estiveram, a estar no centro das discórdias e conflitos que definem um destino generalizado.

Por outro lado, tomando em consideração que a reencarnação espalha os seres humanos em todo o mundo, fazendo-os renascer como o que uma vez foi percebido como inimigo ou inferior, todas as guerras não são nada mais do que guerras contra nós mesmos.

No que respeita ao espaço ocupado, não existem limitações, pois um ser de qualquer dimensão existencial poderá reencarnar em qualquer outra dimensão de existência. Obviamente, existem sempre regras presentes que justificam a passagem de um plano a outro. Mas, essas regras são superiores a qualquer norma planetária, de espaço e tempo. Assim, um ser tanto pode estar pronto para uma realidade de nível ligeiramente superior, como para outra de nível bastante superior, mas fará a passagem em função do nível atingido no momento da sua morte física. Pelo que a transição se apresenta muito mais fácil para os que puderam viver toda uma existência naturalmente e envelhecer tranquilamente. Tal transição é sempre mais dolorosa e difícil para os que morreram abruptamente ainda jovens. Não obstante, esse nível é medido pelo grau de consciência alcançada.

A consciência não carece de julgamento e não é independente das leis cármicas. Um ser que se desresponsabilizou dos seus comportamentos, perdendo conhecimento sobre o propósito do espírito, poderá ver-se a reencarnar num ambiente que force ainda mais a sua consciencialização, e dentro do mesmo planeta em que se insere. Poderá reencarnar numa outra realidade semelhante à de tempo presente, ou numa realidade de outro período temporal. Mas, também poderá reencarnar em outro planeta, se o processo de consciencialização não encontrar neste mesmo estado planetário uma situação satisfatória à aprendizagem que entretanto se mostrou necessária.

Em função do grau da nossa consciência, e das aprendizagens que a alma carece para a desenvolver, poderemos reencarnar imediatamente após a morte num outro país e numa outra situação social, mais adequados às necessidades manifestas relativamente à consciência espiritual adquirida. Daí que existam inúmeros casos de Judeus reencarnando como Católicos, e Japoneses como Norte Americanos, ou, Norte Americanos como Árabes.

No entanto, também podemos ser transportados para uma época medieval, ou para um futuro longínquo, como por exemplo mil anos á frente do nosso tempo, onde os carros voam e a sociedade está organizada de modo distinto. Podemos ainda reencarnar numa outra realidade, onde os seres não são humanos, mas tão-somente humanóides, e comunicam de modo diferente, e possuem uma cor de pele também ela diferente; ou, até mesmo num outro planeta, onde as pessoas são iguais às terrestres, mas vivem a vida de modo diferente e possuem potencialidades mentais distintas das que conhecíamos.

Existem tantas possibilidades quantas àquelas que a nossa imaginação pode criar, pois tudo o que imaginamos se conecta no universo de possibilidades já existentes e que a nossa alma reconhece, porque algum espírito conectado a nós já se manifestou aí.

Os planetas que conseguimos imaginar existem e outras pessoas poderão ser capazes de imaginar o mesmo, sem partilhar da nossa imaginação na cocriação. Todas as realidades que possamos conceber na nossa mente existem também, pois existem tantas realidades paralelas quantas as nossas decisões podem formar. Basta considerar que, se podemos prever o futuro, podemos criar o futuro, e se podemos criar um futuro, deveríamos ser sempre capazes de o prever.

Por outro lado, não se pode prever o que não já existe, e é por isso que a ilusão de futuro é necessária e real na proporção do fazemos num plano presente. De facto, as elites sempre procuraram acelerar ou manter uma certa realidade, através da consciencialização, manutenção e manipulação das massas. E, daí, podemos considerar que existem tantas realidades futuras possíveis quantas possamos visualizar.

O potencial da mente humana, contendo seu foco na criatividade, poderá observar no sonho todo o mundo de possibilidades da alma. Poderemos até mesmo, seguindo estas premissas, dizer que todos os seres humanos de tempo presente, sonhando com o futuro, poderão adquirir uma visão perfeita de todas quantas as realidades futuras existentes paralelamente em tempo presente. De facto, "a procura pela verdade é mais preciosa do que a sua posse" (Albert Einstein).

As Implicações da Reencarnação no Individualismo

A consciência que acompanha a realidade não se define por níveis comparativos a essa mesma realidade, pois os níveis espirituais são independentes das concepções humanas sobre a qualidade da realidade. As mecânicas da espiritualidade são muito mais complexas do que o potencial do pensamento humano, e por isso sempre superiores este. Neste sentido, um ser que necessite de maior consciência sobre a sua individualidade e unicidade, poderá nascer num meio em que se sinta bastante isolado. Poderá ser, inclusive, um meio hostil, em que sofra bastantes agressões de seus progenitores. E, não obstante, o universo é perfeito na sua harmonia e tudo tem um propósito. Pelo que, para cada ser em situações semelhantes, o propósito será correspondente aos desígnios de sua alma. Para um, poderá ser o desenvolver da sua consciência perante a sua unicidade, de modo que, adquirindo maior potencial para lidar com a responsabilidade sobre sua própria existência, possa viver experiências que de outra maneira não seria capaz de vivenciar, e para outro sujeito numa realidade semelhante, poderá ser o adquirir consciência do universo material e da simplicidade do sistema causa-efeito, para que obtenha a responsabilidade de, na dor, aprender sobre a humildade subjacente à vivência em harmonia com o compromisso de viver.

Entre dois seres num ambiente hostil, um poderá aprender sobre o propósito da vida, enquanto outro estará a aprender sobre o seu propósito pessoal. Daí que, duas pessoas que tenham vivido as mesmas experiências primordiais possam agir de modo completamente diferente na vida futura e ter existências completamente diferenciáveis, bem como modos de pensar também eles distintos.

Para cada existência existe um propósito que só encontra resposta na alma de cada um. Os espíritos humanos assumem, todos eles, uma individualidade distinta, que forma os desígnios da existência que promovem ao longo do seu percurso de desenvolvimento único, num processo conjunto e global, a que podemos chamar de consciência coletiva para o propósito divino.

É preciso notar, no entanto, que é neste intercalar de consciências, que pessoas diferentes se reúnem num mesmo plano de realidade, partilham experiências e aprendizagens, cada uma assumindo o papel que lhe corresponde, se desenvolvem, amam e vivem, no negativo e no positivo, pois tanto aprendemos com o conflito, como aprendemos na paz, embora a segunda opção seja mais desejável para muitos. Tal é a harmonia da existência, em que cada momento encontra justificação na alma de cada ser.

Cada estado da vida assume um propósito adequado à consciência, sendo que nenhuma realidade pode ser a mesma para nenhum ser. A experiência que cada indivíduo sente, assume um propósito único que só ele pode interpretar, pois existe uma correlação perfeita entre a consciência de cada alma e as vivências que ela experimenta e sente no seu âmago. Nesse ciclo de experiências, reside uma harmonia na qual todos nos movemos, numa perfeição infinita da qual fazemos parte. Esta matemática Pitagórica, contem todo o conhecimento, já interpretado ou ignorado, pois ninguém vive separado das leis Divinas, nem mesmo os ateus.

Em cada decisão, encontramos uma nova correlação com a realidade que nunca cessa de encaixar na harmonia que essa mesma realidade pressupõe, entre os desígnios do espírito, o propósito individual e a realidade material. A correlação é permanente, muito embora detenhamos o poder de alterar os contextos em que adquirimos as aprendizagens, pela possibilidade de decidir no decurso das experiências que vivemos. Como disse Mark Twain, "não admira que a verdade seja mais estranha que a ficção; a ficção tem que fazer sentido".

A Evolução Além da Genética Humana

Existem várias possibilidades no universo das realidades paralelas, mas também no que respeita a espaços-tempo operando em simultâneo com o nosso, e até mesmo mundos, em outras galáxias, pelo que podemos afirmar que, na nossa realidade material, diferentes formas de vida se podem manifestar. Nomeadamente, e principalmente, aquelas que mais facilmente atravessam os fluxos de energia entre a matéria, como é o caso dos espíritos desprovidos de corpo. Entre eles, uns correspondem a seres humanos já desprovidos de físico, os quais reconhecemos como falecidos, e outros a seres alienígenas de outras dimensões e frequências mais subtis.

De facto, a NASA reconhece actualmente cerca de 100 bilhões de planetas semelhantes à Terra, onde a vida, como aqui na terra, pode existir. Isto significa que se se multiplicarmos este 100 bilhões de planetas pelas realidades paralelas possíveis, obtemos mais que um trilhão de possibilidades. E como pode um cérebro humano tão limitado pela realidade terrestre compreender isto ou todas as possibilidades que tal verdade engloba?

Poucas pessoas visitaram todos os países e culturas da terra. E isso só por si, é uma tremenda experiencia para a alma. Portanto, o que podemos dizer de pessoas que riem da possibilidade de extraterrestres existirem? Pessoalmente, creio que podemos apenas sentir tristeza pela tremenda limitação cerebral que possuem. Seu cérebro provavelmente iria explodir se vissem um ovni. Por outro lado, está cientificamente comprovado, principalmente por estudos do ADN, além de várias pesquisas arqueológicas, embora ainda não amplamente divulgado, que o ser humano é, em sua forma física, um descendente híbrido de várias outras raças alienígenas, as quais programaram nosso ADN de modo a limitar o potencial para a espiritualidade. Pois, infelizmente, o ser humano foi criado para ser um escravo, inferior aos que lhe deram origem.

O conceito de Deus, que na cultura hindu assume uma percepção muito mais abrangente que na cultura ocidental, não é suficiente para explicar todo o desenvolvimento humano, e os livros religiosos contêm limitações interpretativas, que limitam a capacidade de muita gente para compreender estas grandes verdades. Este segredo, muito bem guardado, é o que tem permitido a ascensão de elites monárquicas e sacerdotais, as quais fazem uso do mesmo para expandir e assegurar seu poder. Pois apenas a compreensão de nossas limitações nos permite assegurar a transcendência destas, quanto muito, através do controlo dos que desconhecem as suas.

Ao mesmo tempo, entre as muitas possibilidades de existência, serão mais facilmente manifestas no nosso plano material as que melhor se podem correlacionar com este. De uma forma mais abrangente, falamos de todas as raças de seres que se encontram no mesmo plano de materialidade ou que se podem manifestar neste. Isto porque, a interação com um universo material exige a existência material, sem a qual tal interação não seria possível. Daí que grande parte da evolução física do ser humano, tenha sentido no sentido de promover atributos relevantes a esta realidade, como a confiança, o determinismo, o potencial analítico e a capacidade para a defesa. Os ingénuos nunca tiveram um bom futuro. E foi a ingenuidade, em grande parte inocente, que levou ao extermínio de muitas tribos e civilizações do passado.

Dito isto, não podemos falar em evolução ou valores morais, sem correlacionar estes elementos com a sobrevivência do individuo e da sua especie. Esta necessidade está presente em todos os elementos do universo, ainda que adormecida nos casos em que ainda não se mostrou necessária. Pois desconhecemos o confronto até enfrentarmos um inimigo, e esquecemos o que não se mostra relevante com relativa facilidade.

Muitas pessoas pensam que o cão sempre existiu e não sabem que é uma criação humana a partir do lobo. E isto, é um novo tipo de ignorância, tanta quanta as de muita gente que não sabe exactamente como o esperma fertiliza o ovulo e os bebes nascem. É realmente extraordinário quando uma espécie desconhece a reprodução. E no entanto, tal é o caso de um largo numero de seres humanos nos tempos actuais.

Como a Moral Conduz à Iluminação

O caminho de Deus une a realidade e os seres dessa realidade segundo princípios que se desenvolvem do estado mais físico e simples até ao mais subtil e espiritual. Pelo que, os seres que mais facilmente se manifestam na nossa realidade física são os que mais diretamente se associam a ela por sua relação de parentesco e proximidade física. Incluímos aqui todos os seres humanóides que povoam outros planetas, mas também os que povoam este, através de diferentes manifestações temporais e espaciais.

Porque este livro não trata de raças alienígenas, não iremos aqui nos focar neste aspeto. Ainda assim, não deixa de ser interessante verificar que as maiores transformações tecnológicas da história se deram graças à pesquisa no campo da ufologia e naves alienígenas caídas; bem como notar que vários dos espiritualistas e escritores mais influentes creem receber seus conhecimentos por inspiração interplanetária.

Independentemente dos métodos escolhidos, o propósito da existência na terra consiste em adquirir responsabilidade sobre o nosso próprio comportamento. É através dos efeitos dos nossos comportamentos que melhor podemos compreender o valor da vida. E no entanto, esses efeitos só podem ser de facto entendidos depois de experiência traumáticas e perdas. Muitas pessoas simplesmente não conseguem compreender a vida sem antes perderem algo. Só através da perda, o valor do que se perdeu é realmente compreendido.

Atendendo ao facto de que um comportamento se insere num sistema de causa e efeito, sabemos que toda a ação provocará uma reação, um impacto, o qual se reflectirá de algum modo sobre nós. Quando recebemos o impacto resultante da nossa ação, poderemos nos sentir culpados ou responsáveis. No entanto, a culpa não permite entender as causas do problema e, para escapar a esse sentimento doloroso e impossível de solucionar, as pessoas tendem a alterar o ciclo original, tornando o efeito como causa de si próprio. Ou seja, culpam os que foram agredidos pelas suas próprias agressões e, deste modo, tornam a vítima num agressor que mereceu a agressão. E, de modo geral, procuram alterar o ciclo, alterando as circunstâncias. E, apesar disso, sempre ficam surpresas quando a mudança de ciclo repete os mesmos efeitos, quando diferentes protagonistas dizem o mesmo ou se queixam do mesmo. Não entendem o que fazem errado.

Apesar de tudo, apesar do que possamos ler, jamais vamos compreender aquilo que não podemos aceitar. E ainda assim, modo geral, todas as dinâmicas dos problemas podem ser sintetizadas em causas relativamente comuns:

1. Egoísmo ou egocentrismo;
2. Falta de empatia e compaixão;
3. Ausência de responsabilidade.

È relativamente fácil verificar como estes três elementos se confundem e podem ser resumidos numa ou apenas algumas palavras. Mas de modo geral, assim é a realidade. A palavra que procuramos aqui é consciencialização. Primeiro a consciencialização dos direitos pessoais, mas logo em simultâneo, a consciencialização dos direitos dos outros. Também quase em simultâneo, a consciência do respeito próprio tanto quanto o respeito da individualidade dos outros.

A moralidade parecerá neste contexto algo ainda muito distante da mente, mas não tanto quanto a empatia está próxima do conceito de inter-responsabilidade. Pois quando entendemos o outro, entendemos a dinâmica do todo, independente de quantos indivíduos estejam implicados.

A relação num casamento entre um homem e uma mulher, é exactamente a mesma entre um homem e cinco mulheres, ou cinco homens e uma mulher, se atendermos, unicamente à componente moral. E é por isso que quando os valores são partilhados inteiramente ao mesmo nível, tais casamentos, ou comunidades, são realmente possíveis. Por outras palavras, não é o acto, mas a traição dos nossos valores, do aspecto moral da dinâmica sobre a qual orientamos nossa existência, que nos fere a alma e nos magoa profundamente.

A Responsabilidade Como Base da Consciencialização

A ausência de responsabilidade, cria um tipo de predisposição que permite o desenvolvimento da ilusão de perfeição ou idealização dum pessoa e suas ações. Por outras palavras, cria um sistema mental que conduz ao narcisismo. E o narcisista realmente crê que suas ações são inocentes, ao eliminar a culpa através de qualquer justificação possível. Na realidade, é a prevalência da mentira, dissimulação e manipulação dos outros, de modo a justificar comportamentos de que outra forma seria reprováveis, que está por detrás do comportamento psicopata. Trata-se dum ciclo egocêntrico que limita a consciência de tal maneira, que nem mesmo as palavras ou sofrimento dos outros cria qualquer efeito no indivíduo.

Numa atitude de integridade ilusória, frequentemente manifesta como arrogância, tal pessoa irá considerar que não é responsável por ciclos de ação negativos, e impedir-se-á de aprender com seus erros. Não podendo aprender com os erros, não poderá discernir os sucessos, e, irá crer em sorte ou manipulação da realidade para obter a felicidade.

Se queremos medir o potencial para o sucesso numa pessoa, podemos medir o estado da sua saúde mental, e a maneira mais simples consiste em medir a responsabilidade do indivíduo perante suas ações e as consequências das mesmas. Pois, quando pensamos que a realidade tem que ser manipulada em vez de compreendida, e quando cremos que os males da vida surgem de acasos, perdemos a consciência de algo que transpõe de modo vasto todas as ilusões que a realidade, e mesmo os nossos comportamentos, possam permitir ver. Isto é, perdemos a consciência do propósito divino em nossa vida. E é por isso que tais pessoas se sentem tão desprovidas de significado em sua vida ou propósitos. Podem até criá-los, por breves instantes, mas são incapazes de os seguir.

De facto, pessoas com níveis baixos de responsabilidade, nunca podem ser bons empregados, amigos ou parceiros de casamento. Seu estado mental faz deles demasiado imprevisíveis e incapazes de seguir planos estabelecidos e acordados, ou até mesmo suas promessas. Quando um psicopata promete melhorar, ele pode até acreditar no que está dizendo, mas é incapaz de cumprir sua promessa. Daí os psicopatas prometerem mais quando desperados, encurralados e em necessidade de ajuda urgente, e não tanto por vontade própria.

É fácil acreditar num psicopata, porque eles realmente acreditam no que dizem, e por terem experiencia em não serem acreditados, sabem como exagerar suas demonstrações emocionais. Eles realmente sabem como fazer os outros acreditarem que jamais trairiam num relacionamento, ou iriam roubar bens pessoais, ou obter informações pessoais com o fim de os manipular, mas é exactamente isso que fazem quando a oportunidade surge. De facto, seu estado mental torna-os propensos a seguir sugestões dos outros, pelo que, até o psicopata que não tem intenções de roubar é facilmente convencido disso por outro psicopata como ele. E as mulheres psicopatas que realmente querem casar e ter uma relação estável com alguém, traem com tremenda facilidade, quando encontram um homem tão psicopata e manipulativo como elas.

Podemos até mesmo dizer que o maior castigo que um psicopata pode obter são seus próprios amigos, pois raramente pessoas normais, ou com altos níveis de responsabilidade, se querem associar com estes indivíduos. Minha experiencia pessoal tem me mostrado que todos os psicopatas se associam com pessoas igualmente doentes, ou demasiado frágeis e isoladas para se defenderem ou os rejeitarem. É por isso que os psicopatas preferem os idosos, as crianças e os empatas.

Quando sua ganância é superior a isso, optam por profissões onde possam exercer sua psicose com mais liberdade. E tal é o caso dos médicos, enfermeiros, psiquiatras, psicólogos e políticos. A quantidade de criminosos que procuram estas profissões é enorme. E é realmente chocante ver um psicopata ocupando o lugar de psicólogo e sendo confiado por gente ignorante do seu perigo. Por outro lado, experiência pessoal tem me mostrado que só apenas pessoas muito doentes da cabeça acreditam no que um psicologo psicopata diz.

Como Lidar Com a Maldade dos Outros

Deus tem um objetivo para as nossas vidas, o qual ultrapassa as ações e os acontecimentos. Daí, por vezes termos que ser confrontados com realidades em que vamos inevitavelmente errar, para que possamos aprender o que nos será necessário às seguintes experiências, e não necessariamente para melhorarmos o nosso estado nas primeiras. Nesse sentido, a loucura, como a sanidade mental, assumem uma relação direta com as leis morais e de verdade que regem o mundo. É impossível ter sucesso no plano pessoal ou financeiro sem compreender isto.

Na verdade, o mesmo sucede quando alguém nos magoa e não vemos qualquer hipótese de nos protegermos desse mal. Pois, neste caso, o propósito pode ser tão simplesmente a consciência de que temos que mudar a nossa vida e não tanto que temos que aprender a lidar com tal tipo de pessoas, ou mesmo insistir numa resolução impossível para um conflito inevitável.

Não é necessário que uma pessoa se torne má para se proteger do mal, mas é necessário que conheça o mal, o identifique, o saiba distinguir, e aprenda, não só a proteger-se contra o mal, mas a saber combatê-lo também. O que essa pessoa faz depois com o conhecimento e poder adquirido é uma decisão pessoal e não um relação causa-efeito. Se assim fosse, seria o mesmo que dizer que todas as pessoas que aprendem boxe para se defenderem, tendem a esmurrar os outros. A verdade é que as pessoas que se sabem defender tendem a identificar o perigo melhor e a ter mais coragem para saber como pará-lo quando o observam. É por isso que acredito que uma religião sem o ensino do combate sempre estará incompleta. E embora isto pareça ridículo a muitos, mais ridículo é o que verificamos hoje, com a total descrença e desinteresse em conhecer o mal.

Como referi em muitos grupos religiosos, o medo de reconhecer o mal e falar disso, abre espaço a que o mal infecte qualquer grupo, pelo que qualquer pessoa que tema falar do mal, torna-se vulnerável a este. E assim é, com todas as pessoas que conheci e temiam falar do mal. Seu espírito está infectado e corrompido. Pois o medo cria uma vibração muito fraca que favorece a intervenção espiritual negativa.

Na realidade, as energias negativa e positiva, não são tão opostas em manifestações como o são em estados mentais, pois a negativa é sempre inferior à positiva. Por outras palavras, apenas o medo, ressentimento, ódio e raiva, podem enfraquecer o espírito.

Quando se fala, por isso, em responsabilidade como propósito humano, falamos de algo mais abrangente, e que se insere ao nível da consciência. Esta consciência abrange todos os planos, e não apenas o intelectual, racional ou espiritual. A consciência para o combate interior e exterior, é tão relevante como qualquer outra. A consciência para a humildade e vulnerabilidade também. E assim por diante. "Conhecemos a verdade, não apenas com a razão, mas também com o coração" (Blaise Pascal).

Quantos Níveis tem a Consciência?

A consciência pode ser considerada em diferentes níveis: Nos níveis mais elementares, temos a consciência direta da ação, o "não faças aos outros o que não queres que te façam a ti"; Nos níveis intermédios, teremos a consciência dos efeitos da ação. Isto é, o conhecimento do resultado dum ciclo de atitudes e comportamentos; Nos níveis mais altos, temos a consciência do propósito, no qual o processo, a causa e o efeito, interagem para dar corpo à realidade que serve de veículo à consciencialização.

Estes três níveis podem estar presentes em simultâneo, mas é apenas o nível mais alto da consciencialização que se mantém imutável o tempo todo, pois, em qualquer sistema de realidade, o ser deve ser capaz de compreender mais sobre si mediante o contacto com as experiências que revestem a sua existência.

Para que essa consciência se desenvolva, é preciso desenvolver paralelamente a responsabilidade, porque ambas são indissociáveis. Mas a responsabilidade não pode ser inteiramente compreendida sem um propósito que a justifique. É por isso que moralidade sem egocentrismo raramente é uma moralidade verdadeira, mas tão-somente uma moralidade de grupo, social. Não é por isso de estranhar quando verificamos histórias de pessoas que se comportam de certa maneira em publico e de uma maneira muito diferente em privado.

A responsabilidade suprema manifesta-se na capacidade para reconhecer o potencial para controlar as aprendizagens expostas nas experiências de vida. Logo, uma pessoa inteiramente responsável é aquela que pode reconhecer nas suas vitórias a capacidade de tomar as decisões certas e, nas suas derrotas, os erros de decisão tomados. Dificilmente alguém pode compreender a moralidade sem entender os polos de opostos que a compõem, sem entender que um bem pode causar um mal e um mal pode causar um bem.

Para ilustrar este facto passo a dar uma explicação pessoal. Na minha ingenuidade, no passado, ao verificar pessoas que sofriam com suas psicoses, ofereci-lhes livros sobre saúde mental para as ajudar. O resultado foi que tais pessoas se tornaram ainda melhores do que eram na arte de mentir e manipular os outros. Pois ao saberem como o cérebro realmente funciona, não mudaram sua natureza, mas se tornaram piores.

E o que dizer de amigos a quem ofereci livros para os ajudar? Tornaram-se arrogantes, e começaram-me a insultar dizendo que a pessoa que sou e o que escrevo são distintos, como que acusando-me de não ser o autor do que escrevo. Muitos, na sua inveja, começaram a usar o meu conhecimento contra mim, para tentar me fazer parar de escrever livros. Seus insultos têm como objectivo a minha destruição como autor, e isto devido à inveja.

Em outros casos, as pessoas começaram a falar em público, expondo o meu conhecimento a multidões, sem nunca me referir, e, porque o conhecimento não lhes pertence, acabaram por confundir multidões inteiras com assuntos que não entendem verdadeiramente. Estes são exemplos de bens que se tornaram males.

E que dizer de males que se tornam bens sociais? Dou como exemplo o caso duma psicóloga que destruiu propositadamente uma relação que tinha, em vez de ajudar a pessoa que enviei a ela, para resolver seus problemas e traumas de infância. A paciente falou de tentativas de suicídio, de promiscuidade, de drogas que fumava, dos seus abusos com o álcool, das suas dificuldades no emprego, etc. A psicóloga ignorou tudo isso, e concentrou-se no destruir da relação. E essa mesma companheira pediu-me para não atacar a psicóloga mais, depois de eu a ter insultado em público, e pediu-me também para não escrever nenhuma carta que a pudesse fazer perder o emprego. E apenas alguns meses depois descobri que a namorada do irmão da minha ex-namorada estava visitando essa mesma psicóloga. Ou seja, quando não exterminamos os cancros sociais, eles se espalham e fazem mais pessoas doentes.

Neste caso, o ideal seria fazer esta mulher perder a licença para exercer psicologia, e, caso não seja possível, dar-lhe uma sova valente.

A ideia de que uma ação pode ser separada da sua função moral pertence apenas à mente de gente muito ignorante, que não compreende a função da lei, da ordem e da justiça, e crê na função patriarcal do estado, como crianças que, na necessidade de substituir os pais por quaisquer outros adultos, esquecem as implicações da justiça. E é por isso que tantas injustiças são cometidas na nossa sociedade. Quantas mais pessoas temerem exercer a justiça por suas próprias mãos, mais aqueles que não podem ser parados, irão exercer actos criminosos contra a própria sociedade.

Nunca devemos esquecer que o primeiro acto de qualquer governo tirano foi retirar as armas dos seus cidadãos de modo a poder exercer a tirania sobre estes. É porque as pessoas assumem a hierarquia social como imune ao julgamento públicos, que tantos loucos assumes um poder que não deveriam ter. E é assim que os lobos da sociedade, escondidos em peles de ovelha, continuam a enganar as massas. Pois, apesar de tudo, a reputação desta psicóloga continua se espalhando, para jornais, revistas, etc. Esta psicopata, continua espalhando seu mal, através de suas máscaras.

Um dos factos que muitos cristãos ignoram sobre a historia de cristo, é que ele realmente compreendia estes opostos. Para as pessoas do seu tempo, ele era um rebelde, opondo-se à ordem do sistema, opondo-se a personagens extremamente populars, e criticando valores sociais. E no entanto, ele estava certo no que dizia. Cristo não tinha medo do confronto directo com as autoridades, e de os expor como hipócritas. Perdeu a vida por isso. Mas quantas vezes não fazemos o mesmo com os que expõem os males da sociedade, ao ignorarmos estas pessoas como cristo foi ignorado?

A realidade de hoje não é muito diferente de há dois mil anos atrás. Ainda existem muitos lobos se escondendo por detrás de pele de ovelha.

A distância entre a causa e as consequências de nossas ações, até mesmo quando somos passivos na vida, como é o caso das muitas ovelhas da sociedade, pode ser analisada no espaço temporal. E assim, podemos dizer que é possível viver uma vida plena de felicidade, mas não sem a responsabilidade que ela exige.

Saber viver em felicidade implica assumir responsabilidade pelas decisões que tomamos na vida – ser capaz de aprender com os erros e corrigi-los quando possível. Na capacidade de olhar os problemas e os resolver, aprendemos o seu mecanismo e respetiva dinâmica envolvida, nomeadamente, quando o que ignoramos nos afecta de volta.

Como o Mal Interfere na Consciencialização?

Podemos dizer que o mal existe na medida em que é intrínseco à realidade. Mas esta realidade não é relativa. O que se encaminha no sentido do divino é positivo e o que não segue pela mesma trilha provoca dor, sendo neste contexto negativo.

O positivo e o negativo são o que define o bem e o mal. Pelo que, tudo o que se associa com a energia universal que rege o universo é positivo e permite maiores níveis de criação e expansão associada a outras realidades correlacionadas, sendo elas os sonhos de outros seres e outras realidades paralelas em que a consciência se possa manifestar. Portanto, o negativo será tudo o que impede essa criação e ascensão. Por isto, "para uns a verdade é um insulto, e para outros a vida dos mortos" (Gary Amirault).

Qualquer pessoa que se oponha à verdade é, diga-se o que se disser, má por natureza. Todas as pessoas com tendência demoníaca, ou psicopata, se é que podemos diferenciar ambas, tendem a basear o seu comportamento e pensamentos na arte de enganar os outros. Ao mesmo tempo, atendendo a que a vida é composta por criação, o que impede essa criação, conduz à destruição e á morte.

Curiosamente, pessoas da mentira tendem sempre a opôr-se, não só ao sistema social como um todo, mas também a projetos criativos, salvo quando beneficiam suas ambições pessoais. Não obstante, o mal é intrínseco a tudo o que compõe o universo material em que nos inserimos e encontrar-se-á manifesto sempre que esse universo não siga um processo cíclico de construção e transformação permanente.

Podemos por isto dizer que o que segue o caminho positivo nunca se destrói porque se transforma. A própria destruição força a transformação. E ainda assim, a destruição causa uma transformação por mudança e não por complementaridade.

Esta dança de forças é sempre proporcional entre si, sendo que nenhuma pode verdadeiramente anular a outra, exceto ao nível do modo com as percebemos. A diferença é que, numa aprendizagem positiva, um ser aprende mais sobre ele mesmo, transforma a sua personalidade, e, na evolução da consciência, toma novas decisões que encaminham a sua vida face a um rumo distinto, onde encontra maior paz e felicidade.

Já o ser que se vê forçado a aprender num contexto negativo, aprende sobre ele mesmo num contexto de diferenciação e comparação, e, verá, na mudança, uma transformação forçada, em que destrói um ciclo para criar outro mais ajustado às suas necessidades existenciais.

Embora o positivo e o negativo se possam confundir num mesmo plano de realidade, são diferentes entre si, principalmente se analisados de modo extremamente superficial, nas causas e fins que procuram alcançar. Porquanto o negativo força a mudança e cria mudanças através da recriação, o positivo encaminha á consciencialização e cria mudanças por transformação. E embora possamos afirmar que o mal pode dar origem a um bem, por destruição desse mal para dar lugar ao bem, não podemos dizer que o mal causa do bem de modo directo. Da mesma forma, o bem pode transformar a realidade, mas no aumento dos seus erros, o ser poderá causar mais mal do que bem na sua nova realidade. Isso não significa, no entanto, que o bem criou o mal. A realidade encontra-se em permanente transformação e mudança, quer por consciencialização como por destruição, mas, nesse processo, compete ao ser discernir o caminho mediante os efeitos que as suas ações causam sobre a sua realidade, e, em último caso, sobre ele mesmo.

Enquanto a realidade apenas pode funcionar seguindo premissas positivas associadas entre si, o mal, como sendo uma manifestação do erro no processo, estará presente em todo esse percurso de aprendizagem. Pois, não faria sentido uma aprendizagem em que o erro não estivesse incluído. Se assim fosse não lhe poderíamos chamar de aprendizagem. É no livre arbítrio que o ser se consciencializa da importância de si.

Num plano superior, o ser compreender que não existe bem ou mal, mas simplesmente dinâmicas que tendem a seguir em diferentes sentidos. Perante esta consciência, o ser aprende, por exemplo, a destruir eficientemente para criar algo de bom, como um escultor que faz, duma pedra sem forma, uma bela escultura.

A Ilusão da Imunidade Espiritual

O mal não pode ser evitado, mas tão-somente confrontado, porque consiste numa energia sobre a qual não possuímos poder de decisão, mas apenas controlo sobre seu impacto, através das nossas reações. O mal insere-se numa energia dinâmica que impede a associação de algo positivo e a continuidade dum processo benéfico. Assim, não pode impedir por si próprio o bem, a menos que possa captar a atenção e emoções do indivíduo. Daí ser difícil poder afirmar sem complexidade que apenas o mal impede as ações boas e os resultados positivos.

Estas energias podem facilmente ser identificadas em relações tóxicas, em que, independentemente das aparências, podemos claramente ver um dos parceiros apoiando o outro em suas decisões, enquanto o outro parceiro insiste em impedir o primeiro com insultos, e críticas, bem como promessas e acordos que nunca são cumpridos. Na medida em que um ser humano tem potencial para sonhar, enquanto ele sonhar nem mesmo uma prisão de caráter físico o pode deter. No entanto, o poder do mal é relativo ao poder que lhe é atribuído. E isto, tanto pode ser verificado duma perspectiva positiva como negativa.

Numa análise às consequências, verifica-se que o mal torna-se difícil de resistir, simplesmente porque retira sua força das nossas fraquezas, ainda que estas sejam físicas ou dependentes de momentos críticos em nossa vida. Quantas pessoas não resistiram a um momento de fraqueza, durante um período de dificuldade financeira, e roubaram a própria empresa onde trabalhavam? E quantas mais não se envolveram com psicopatas e criminosos, devido a uma atração sexual ou uma atração aos bens financeiros na posse de tais indivíduos? E quantas pessoas não mataram durante um momento de excessos, com drogas ou álcool, para somente mais tarde se darem conta de algo que se arrependeriam para sempre?

Creio que o mal é muito frequentemente menosprezado e desvalorizado por pessoas tão arrogantes quanto estúpidas, que não compreendem nada sobre a vida. Muitas destas, ironicamente, facilmente identificadas em grupos religiosos. Pois não há nada melhor para o mal que o falso sentido de imunidade.

Um cristão que crê estar protegido do mal, apenas porque se reune com seu grupo todas as semanas, é como as pessoas promiscuas que têm sexo com estranhos mas pensam estar imunes às doenças sexuais, simplesmente porque conhecem tais estranhos em contextos normais de socialização, como clubes e bares.

Muitas das pessoas mais horríveis que conheci na minha vida, eram cristãos e psicólogos. Porque estes são quem tende a assumir uma mais preponderante arrogância ilusória, frequentemente alimentada pela sociedade, que precisamente vê neles uma especie de imunidade social e espiritual.

Diria que, acreditar que um psicologo, um psiquiatra e um cristão, são imunes aos efeitos demoníacos, à neurose ou à psicopatia, pode ser comparável aos mitos egípcios e gregos, ou até mesmo hindus, que identificam algumas pessoas especiais como sendo imortais. O mesmo tem acontecido com aqueles que se sentem imunes à criminalidade.

Que desilusão tais indivíduos devem ter sentido quando perceberam que podiam ser envenenados, trespassados por uma espada ou seta, ou possessos por espíritos demoníacos.

Do mesmo modo que muitos reis e gurus se consideraram imortais, e morreram em agonia, muitos sacerdotes foram e continuam a ser possessos por espíritos demoníacos. E embora Jesus nunca tenha negado sua mortalidade, Mohammed poderia mais facilmente ser comparado aos cristãos modernos, pois nem mesmo depois de ser envenenado acreditou que iria morrer, e não ser salvo por Deus.

O comentário mais estúpido que alguma vez escutei de um cristão foi: "Deus não castiga". Pois, tal comentário representa arrogância levada ao extremo. E não me surpreende que tal pessoa seja um membro das Testemunhas de Jeová, pois, estes, como os Evangélicos, demonstram uma arrogância tal, que só pode ser escondida por um equivalente tipo de ignorância; uma ignorância tal, que despreza por completo muitas passagens claras de sua própria bíblia.

O PROPÓSITO DA SUA ALMA

É demasiado incrível para ser observado, mas a verdade é que a larga maioria dos religiosos nega por completo óbvias contradições nas suas práticas face ao que os seus livros apresentam, e defendem com tremenda raiva a sua própria ignorância, demonstrando que o excessos em egocentrismo não podem ser superados nem mesmo com as melhores intenções ou maiores verdades.

O Caminho dos Escolhidos por Deus

Nenhum mal é suficientemente forte para deter o bem, mas pode fazer com que o bem se impeça a si mesmo, porque perante um estado de dor emocional, sofrimento psicológico e intensa preocupação, o indivíduo cessa a sua ação de sonhar e todos os demais procedimentos que operam a seu favor e no seguimento da felicidade. Portanto, não se trata tanto do quanto o mal pode impedir, mas do potencial que detém para fazer restringir o ser humano a quem se destina.

Pode-se, por isso, afirmar que apenas a coragem vence o mal. Pois, é o confronto que força o indivíduo a assumir responsabilidade sobre o mal que cruzou a sua realidade pessoal. Mas pode a coragem ser treinada? A resposta é sim, mas dentro de terminados limites, nomeadamente físicos. É difícil treinar a coragem, a nível emocional, sem uma experiência de vida que equilibre a capacidade interna com os desafios externos, e esta é a razão pela qual o número de suicídios entre muitos homens, aparentemente fortes e psicologicamente saudáveis, é muito superior ao das mulheres. Ainda assim, o mal, ou o sofrimento de modo geral, nunca sobrevive numa dinâmica paralela ao bem, mas antes intercalada com este.

O ser que mais esforços faz para transformar a realidade que o circunda, estará sujeito a um maior nível de maldade por parte de todos os que temem essas transformações. Os seres de nível mais elevado sempre serão confrontados com os seres de níveis mais baixos. Mas aqueles que se encontram em níveis medianos poderão interagir com todos sem no entanto se incluírem no âmbito de nenhum, tal é o estrato principal da sociedade, em que a larga maioria comete o mal por ausência de participação e intervenção quando a sua consciência assim o obriga. Isto é que se verifica quando crianças que sofrem bullying são ignoradas por professores e colegas. É o que sucede quando uma pessoa desmaia na rua, e as restantes pessoas se recusam a auxiliar ou chamar uma ambulância. E, de modo geral, é o que sucede quando a maioria se submete a governos tiranos. Portanto, a maioria da sociedade é facilmente manipulável mas também bastante suscetível á necessidade de felicidade, a qual permite essa manipulação com maior facilidade, nomeadamente, através do medo.

DAN DESMARQUES

A capacidade para assumir compromissos para com os nossos valores, e que implicam percorrer um certo caminho de vida, não obstante todas as dificuldades que possam incluir, está intrinsecamente relacionada com a responsabilidade. Pelo que, o indivíduo será tanto mais corajoso, e daí mais capaz de combater o mal, quanto mais responsabilidade for capaz de adquirir e aceitar. Quem pode confrontar o mal com coragem, possui a responsabilidade de o eliminar e tomará posse dela para poder conhecer o suficiente sobre a sua realidade envolvente, a fim de atingir tal objetivo.

Em sentido contrário, sabemos que o medo é a principal fonte de energia de tudo o que aspira ao demoníaco. No medo, é possível parar a capacidade para agir ou mesmo para sonhar.

O medo, no entanto, não tem que estar diretamente associado com um acto. Com frequência, é o medo de perder algo que nos leva ao crime. Em várias experiências sobre moralidade, é perguntado: "Mataria para salvar uma vida?"; e "roubaria alguém para salvar uma vida?" A larga maioria das pessoas responde que sim e justifica este acto com uma atitude moral perante a vida humana. E no entanto, tal justificação do acto imoral, é precisamente o que está por detrás dos actos criminosos. Até mesmo o ladrão que rouba dinheiro acredita estar apenas a balançar uma injustiça social praticada contra ele. E, neste sentido, poderíamos dizer que, ao nível moral de quem comete o crime, todos seriam imunes de culpa. É a perspectiva de justiça social que nos leva a julgar o crime como tal. Ou seja, quanto mais elevado for o estado moral duma sociedade, mais muitos actos considerados normais passam a ser vistos como criminosos. Daí que uma sociedade nunca tenha um nível moral superior ao de seus governantes.

A Percepção da Justiça e os Níveis Espirituais

Não podemos deixar de verificar o mal como uma perspectiva sujeita à relatividade estatística. Pois todas as drogas cujo uso se torna generalizado, facilmente se tornam legais. Todo o acto sexual generalizado se torna legal. E todo o acto criminoso generalizado se torna legal também.

É ingênuo dessa mesma maioria social, pensar que as leis foram criadas para os impedir de cometer crimes. As leis, como as classificações escolares negativas, e qualquer outro mecanismo de avaliação e controlo social, são sempre aplicadas para uma minoria.

Há que existir um certo equilíbrio entre a justiça e o medo, e isto é algo reconhecido facilmente por muitos governos. Pois, o medo pára o movimento, e, no entanto, porque tudo no universo se encontra em movimento permanente, o único movimento que cessa com o medo é aquele que promove a exteriorização e a criatividade, pelo que, com o medo, um movimento intrínseco tem lugar, o qual põe em causa toda a identidade do ser. Todos os governos que usam o medo como uma arma de controlo social, procuram mantê-lo dentro de certos limites, de modo a manter o seu poder sem perder o controlo no processo. A perda de tal equilíbrio encontra consequências drásticas, como as que verificamos em muitas populações oprimidas que eventualmente se revoltam. Foi deste modo que a união soviética teve o seu fim, apesar de ter sido uma arma maquiavélica muito bem elaborada.

Aqueles que se rendem ao medo, perdem a capacidade de possuir amor-próprio e de agir em função da sua consciência. Serão autómatos perante premissas sociais e render-se-ão aos prazeres imediatos, porque não saberão como alcançar maior consciência de si num percurso divino a longo prazo. São facilmente governados por seus governos, mas também por ditadores e rebeldes sem escrúpulos. O medo é a mãe do caos. Sempre que uma sociedade está sujeita ao medo, essa sociedade encontra-se susceptível à sorte e à superstição. Uma população sujeita ao medo perde o potencial para atingir a felicidade e não a encontra nem mesmo com a sua libertação do que a oprime. E é por este motivo que o mal sempre procura instalar medo numa primeira abordagem. Pois, não se pode impedir um ser humano de agir ou transformar, sem primeiro o impedir de sonhar. O medo é a única emoção que pode impedir a esperança que o sonho alimenta. E sem sonhos, qualquer projecto, incluindo projectos destinados a libertar civilizações, estão condenados a fracassar.

Com a independência da União Soviética, populações de países como a Letônia, Latvia e Estonia, acreditavam estar no caminho da felicidade, e no entanto, acabaram enfrentando os seus anos mais negros. Hoje, tais populações, depois de enfrentarem uma década de estrema pobreza e fome, continuam a ser vitimas de seus medos, pois retêm o nível mais alto de suicídios e de desconfiança entre os cidadãos.

Podemos então dizer que o medo torna as pessoas más? Não necessariamente! É difícil poder-se afirmar que existem pessoas más sem se falar primeiro em consciência sobre a maldade. Neste sentido, poderemos dizer que existem pessoas conscientemente más e pessoas inconscientemente más. E tanto as primeiras como as segundas praticam o mal. A diferença entre as primeiras e as segundas é quase indescritível, pois enquanto quem pratica o mal deliberadamente fá-lo porque sente prazer nisso, as outras fazem-no porque se identificam com tal sentimento e vêm nesse mal o único modo de atingir um bem pessoal. Poderíamos mesmo dizer que o egoísmo e o medo, fazem com que o mal seja visto como necessário. E por isso, "a verdade é "discurso de ódio" apenas para os que têm algo a esconder" (Michael Rivero).

Em ambos os casos, poderíamos afirmar que são seres humanos iludidos pela ignorância. Pois, pensar que no mal se encontra um bem, é uma ideia criada por via de experiências de vida negativas, onde a aprendizagem sobre o propósito da existência se formou sobre premissas erradas, entretanto assimiladas através do sofrimento, e uma falta de moral, praticamente sociopata ou psicopata, que deriva dessa mesma experiência.

Numa perspectiva pragmática sobre a vida, poder-se-ía dizer que o mal sempre vence. No entanto, não é possível ser-se mau e atentar contra a ordem do cosmos em simultâneo, sem sofrer consequências — espirituais e mentais. Logo, todas as pessoas que praticam o mal, agem contra si próprias, porque criam tal deterioração, a qual se verifica primeiro ao nível da consciência.

Como as Ações Negativas Afetam a Consciência

O mal diminui o potencial da consciência porque força o indivíduo a enfrentar situações dolorosas, resultante dos seus comportamentos, palavras e decisões, as quais este deseja evitar. E é aqui que encontramos a principal causa da psicopatia, pois não somos tanto vitimas das circunstancias como somos do nosso modo de agir sobre estas. E um psicopata é alguém que durante muitos anos da sua vida, desenvolveu um conjunto enorme de interconexões neurológicas no sentido de se tornar eficaz e confortável com a mentira, a manipulação e o engano, não importando as implicações emocionais, ou até mesmo físicas nos outros. Assim, todos os que praticam o mal, encurralam-se numa teia cada vez mais complexa de dor, à qual, entretanto, se habituaram. Grande parte destas implicações são sociais, e apesar disso, os psicopatas habituam-se a estar sós ou a viver com o individualismo.

O problema da solidão que existe no mundo actual, não é tanto um problema social, ou derivado das implicações do uso das novas tecnologias, como é um problema mental generalizado, em que a larga maioria das pessoas simplesmente não sabe como incluir a empatia na comunicação, ou sentir responsabilidade por seus actos, algo que antes não podia ser evitado sem consequências sérias. Basta pensar que, nos tempos mais primitivos, estar só era praticamente uma sentença de morte num mundo extremamente hostil.

Hoje, pelo contrário, o prazer em magoar os outros é derivado de motivações competitivas, num prazer da dor pela dor, que entretanto é aceite como necessária e comum. E isto traduz-se numa forma de masoquismo crónico, uma espécie de prazer em viver a partir do fogo ardente de tal inferno, mantido pelo ressentimento, a inveja e o ódio. Muitas destas pessoas identificam-se com este estado existencial e sofrem na ignorância de que existem outros universos existenciais aos quais poderão pertencer pela mera decisão da sua vontade.

O interessante da maldade é que, mesmo o ser que age negativamente, busca, tal como aquele que age positivamente, a consciência de si mesmo e da existência. Pessoas que praticam o mal, sentem-se mais vivas nesta dinâmica, e creem que podem aprender mais sobre a existência neste ciclo de comportamentos. Trata-se da tentativa de despertar dum sono profundo, do despertar da consciência adormecida. Por isso muitos gurus acreditam que todos os caminhos, com maior ou menor grau de evolução, conduzem eventualmente ao mesmo resultado positivo, ao mesmo Deus.

Neste sentido, as pessoas más, são seres de consciência adormecida e estão desconectadas do seu espírito, sem uma alma em ação, encaminhando-se ao esquecimento. De facto, todas as manifestações que sinalizem isto, como pesadelos na noite, e depressão durante o dia, tendem a ser esquecidos com excesso álcool, drogas e outros comportamentos de risco. Neste vazio existencial, não reconhecem qualquer significado nas suas existências ou propósito nas suas vidas. Não acreditam no significado da vida e vivem uma existência ausente de importância.

Não é um acaso que as pessoas que mais fazem sofrer os outros, tendem a ser ateus, pois geralmente os ateus, não possuem uma relação moral com o mundo, mas antes egoísta. Embora o ateísmo não possua uma relação directa com a moralidade, tende a atrair os mais imorais. Do mesmo modo que a religião repele os que detestam a moralidade.

Existem competências inerentes ao espírito que estão materializadas no cérebro para permitir seu uso, através do poder da alma, bem como no código genético de cada um de nós, o qual se altera permanentemente, mas que o desenvolvimento em sociedade e as ideias contemporâneas fazem atrofiar. Na experimentação do mundo material, podemos perder a razão que este assume sobre a nossa evolução espiritual, e não poder ver que em todas as emoções, a nossa realidade assume um propósito que se interliga com o nosso desenvolvimento eterno, muito para além do que o corpo físico alguma vez permitirá. Mas quem sabe escutar no silêncio, será capaz de sentir no escuro e ver além dos sentidos. Para além do que os olhos vêm e os ouvidos escutam, existe uma realidade para além do mundo material. Essa é a realidade dos sentimentos. Nela nos reconhecemos e reconhecemos tudo o mais. Porque, no mundo imaterial encontramos o propósito do mundo material.

O PROPÓSITO DA SUA ALMA

O contrário também é verdadeiro, pois porquanto a realidade material tem como objetivo encaminhar à lógica e propósito do mundo espiritual, nos sentimentos, encontramos o nosso caminho, e veremos a quem nos devemos ou não associar ou quem devemos escutar e seguir. Essa consciência é melhor desenvolvida na ausência da razão encaminhada pelas premissas sociais ou pelo intelecto formado pelos sentidos do corpo. Trata-se do caminho do coração.

Não se trata tanto de sermos ou não nós próprios bons ou necessariamente maus, mas de criarmos associações imbuídas de significância com as quais nos possamos transformar de modo positivo. E por isso se pode dizer que é melhor aprender a transcender a natureza social do ser humano quando este se encontra profundamente enraizado numa sociedade imoral, e aprender sobre esta quando rodeado por pessoas altamente éticas.

Alguém inconsciente do seu potencial negativo, poderá ver num indivíduo com potencial positivo uma fonte de perigo, confusão e dor, confundindo esta pessoa num ciclo negativo. Isto, porque entre positivo e negativo tudo o que existe é antagonismo. Logo, a maldade parte dum pressuposto assente sobre raízes de irresponsabilidade e imaturidade intelectual, e torna-se tanto mais agravada quanto maior o grau de inconsciência perante as consequências dos atos de quem a pratica.

O perdão e a compreensão, assumem aqui um papel importantíssimo, como catalisadores da dissolução do conflito. Na resolução do antagonismo reside a fonte da sabedoria e o produto da transformação. Para compreendermos quem nos permite ou não criar positividade, devemos considerar o potencial comunicativo e empático dessa pessoa, na medida em que encontraremos maior compreensão em quem é mais positivo e menor em quem é mais negativo. Pois, a compreensão é a demonstração do potencial e disposição para assimilar e co-criar.

A Assimilação do Pecado e do Castigo Divino

Atendendo a que existe uma ordem no universo que rege a existência, o pecado é todo o ato que age contra essa ordem, interpretada por muitos como geometria sagrada ou ordem moral sagrada. Aquele que atua contra a ordem cósmica, age também contra si, porquanto se encontra dentro dessa mesma ordem e é efeito direto dela. Aquele que efetua algo pecador sentirá o peso ao nível da consciência, e do carma, sentindo também menor clareza mental e sentindo-se menos em paz consigo mesmo. Por isso, "é melhor ser dividido pela verdade do que ficar unido no erro" (Adrian Rodgers).

A título de exemplo, podemos chamar de pecados todos os atos que consistem em magoar outras pessoas, verbalmente ou fisicamente, ou os actos que violam o livre arbítrio de outros seres humanos, sua liberdade para optar, ainda que possamos ver que suas ações são negativas. Aqui se incluem atos que consistem em impedir ou parar o movimento de outros, exceto quando se trate de um movimento negativo contra a nossa integridade e interferindo nela. Mas também atos que procuram alterar uma ordem natural e positiva para dar lugar a uma outra negativa e destrutiva.

O pecado é o atentado à vida do próprio de modo direto ou indireto, na ação contra terceiros. Neste sentido, o pecado não pode ser definido em si, mas antes na ação, porque uma ação só pode ser identificada como positiva ou negativa mediante o contexto em que se insere. Em última instância, um ato é considerado positivo quando promova o maior número de elementos presentes e futuros, e negativo, quando motiva a eliminação destes. Não obstante, existem situações em que o elemento em minoria se mostra mais digno de ser promovido do que o que se encontra em maioria, e no caso dos seres humanos, isto é muito comum, pois poucas foram as pessoas que mudaram o planeta numa direção mais positiva e contra a vontade da maioria de sua época.

Perante esta óptica, não podemos falar num Deus punidor atendendo ao facto de que existe uma ordem universal na qual tudo se insere. A ordem na qual toda a realidade e seres se inserem, é uma ordem de energia em si mesma, em que o objetivo visa a transformação em consonância com a consciencialização espiritual. O objetivo da vida humana consiste em criar nessa mesma ordem, descobrindo-a e aprendendo, na interação da ação criadora com o produto da ação individual. Assim, se tivermos que falar em castigo, devemos também nos remeter ao sentimento de vazio espiritual que acompanha a criação desprovida de amor, ou seja, a ação egoísta. Não se trata tanto do castigo que Deus possa infligir, mas do castigo que o ser inflige a si próprio, mediante ações que atentam contra a sua existência.

Considerando o supracitado, não é relevante falar na ação de um agente superior, na medida em que a lógica do universo já criado pressupõe, a priori, a aceitação duma responsabilidade sobre todos os que agem em consonância com a sua dinâmica. Esta lógica dinâmica, que age sobre toda a vida terrena e demais mundos, bem como diferentes planos interdimensionais, é dotada dum propósito único que integra toda a existência, logo autossuficiente nas suas estruturas e mecanismo. É por isto que o carma não trata tanto duma relação entre reencarnações, como também, e principalmente, duma relação do espírito com os efeitos de suas decisões e ações.

Tudo no nosso mundo tem preços, castigos e recompensas, muito antes dos seres humanos se colocarem a pensar sobre o significado destes conceitos. "A verdade raramente é pura e nunca simples" (Oscar Wilde). E apesar de tudo, não poderíamos ter criado um mundo material organizado, sem antes termos descoberto as leis espirituais que regulam o caos. Tudo o que a humanidade tem feito, consiste em aproximar a sua ordem, por meio de necessidades pessoais e colectivas, desse caos, unindo os mundos visível e invisível.

A Ponte Entre o Visível e o Invisível

Na morte encontramos uma oportunidade para nos despirmos da personalidade, a qual impede a consciência de subir até níveis mais elevados. Sempre que esta surge, termina com um ciclo de existência para começar outro.

No entanto, o reinicio da existência em outro plano físico e temporal, dá continuidade ao prévio, pelo que todas as aprendizagens inacabadas irão ter continuidade nos planos de vida seguintes, e todas aquelas que foram terminadas irão cessar nesses novos ciclos. Isto não significa, no entanto, que exista uma relação directa entre o nível de experiências adquirido, pois um monarca francês poderá facilmente renascer entre camponeses portugueses e sentir desde o nascimento que as pessoas ao seu redor são demasiado ignorantes, enquanto estas provavelmente o irão discriminar por ser demasiado diferente e demasiado educado para o contexto em que se insere. O mesmo acontece com génios da ciência que renascem em ambientes pobres onde não são compreendidos. Por outro lado, muitas pessoas esquecem também de sua competência e responsabilidade em alterar seu futuro presente. E, apesar dos limites que a sociedade impõe a si mesma, é possível mudar de país, mudar de passaporte e nacionalidade, e até mudar de nome. A cirurgia estética também tem permitido autênticos milagres a muita gente, principalmente aqueles que não nasceram com a aparência mais atraente.

É relativamente fácil prever de que modo a nossa realidade posterior se vai apresentar, na medida em que a própria realidade se transforma em tempo presente. O vacuo das aprendizagens necessárias tem que sempre ser preenchido pela realidade posterior. Assim, um ciclo negativo que não terminou em tempo presente, não terminará certamente com a morte. Por outras palavras, aquilo que levou alguém ao suicídio, continuará com esta pessoa na vida seguinte, porque coincide com uma aprendizagem inacabada.

DAN DESMARQUES

Todas as aprendizagem ou medos permanecem connosco entre vidas. A confusão que existe em muitas pessoas que estudam o tópico respeita à diferença que desconhecem entre as faculdades do espirito e as da mente. A maioria conhece apenas as faculdades da mente. Mas a mente não é mais que uma ferramenta do pensamento e armazém da memória.

É no espírito que as emoções assumem proporções relevantes, e o ser revela estímulos, ambições e desejos, ou medos, que não encontram resposta genética, mas antes entre-vidas. É o espirito que explica tudo aquilo que não pode ser explicado pela mente. E é por isso que, muito honestamente, não consigo oferecer respostas, a todas as pessoas que me perguntam como consigo fazer o que faço. Pois estas estão à procura de conclusões na minha mente, e explicações na sua mente. E todas as questões que me colocam, por se enquadrarem neste contexto, são impossíveis de ser respondidas. Minha aparência não corresponde às expectativas, meu conhecimento não encontra qualquer correlação com o meu passado, minha intuição nunca foi treinada nesta vida, e nem mesmo a minha idade corresponde ao meu nível intelectual. E curiosamente, a idade é um dos temas que mais confunde as pessoas, pois acreditam que o conhecimento é limitado no espaço-tempo de uma existência.

Realmente, se nos centrarmos na larga maioria das pessoas, não vamos encontrar grandes diferenças entre seu passado e presente. Mas se você se deparar com a reencarnação dum guru, budista, monarca, templário, rei, e tantas outras pessoas que tenham exercido cargos relevantes ou de grande poder em vidas passadas, é muito natural que sua vida presente seja difícil de compreender, cheia de decisões drásticas, mudanças brutas, e atitudes radicais. Na verdade, creio que as pessoas mais bem sucedidas nos negócios têm que obrigatoriamente ter sido personagens relevantes do passado, devido ao enorme grau de dificuldades e panóplia de exigências relevantes para manter um negocio de sucesso, como a persistência, a disciplina, e a capacidade para superar situações extremamente duras a nível emocional. Embora tudo isto possa ser treinado, poucos são aqueles que conseguem ultrapassar tal treino. Portanto, a aprendizagem e o treino são tão relevantes quanto a capacidade para suportar ambos.

O PROPÓSITO DA SUA ALMA

Tentar compreender os nossos limites ou capacidades através de vidas anteriores poderá não ser fácil sem ajuda técnica e uma certa atitude face ao tópico, mas mesmo que possamos fazer isso, compreendemos melhor o nosso percurso espiritual através da experiencia de vida. Por exemplo, apesar de eu ter nascido num contexto bastante desfavorecido e meus pais me terem ensinado desde o nascimento a aceitar a autoridade e sempre obedecer, a partir dos vinte anos de idade, comecei a notar em mim, não só uma falta de capacidade para aceitar a autoridade, principalmente quando a avaliava como incompetente, o que me levou a ser visto por muitos como indisciplinado e rebelde, mas também uma capacidade natural para liderar e fazê-lo bem. E foi assim que comecei minha primeira empresa, depois de ter sido Presidente de muitas associações, onde essa liderança foi obtida de modo natural.

Muito mais podia ser dito, como exemplo para este tema, ainda que o mais interessante aqui seja notar que consegui encontrar a resposta para as minhas capacidades depois de descobrir tais capacidades. Não me surpreendi, quando quase aos quarenta anos, vinte anos depois, descobri que tinha sido monarca numa vida.

Como Reconhecer Conhecimentos de Vidas Anteriores?

A minha evolução espiritual e a aplicação das teorias que exponho em meus livros, tem-me ajudado imenso a descobrir todos os talentos adormecidos em mim, talentos impossíveis de explicar às pessoas que encontro, mas que me dão um enorme prazer explorar. Por exemplo, já ensinei várias artes marciais medievais, mas também Japonesas; Compreendo tudo o que leio das escrituras Hindus e Rosacruzes, as quais são complexas até para os muitos membros destes grupos; E já ganhei imensas competições mundiais de música electronica, como produtor e DJ, embora nunca tenha estudado musica durante toda a minha vida. E no que respeita a aprender línguas, a pronuncia Chinesa é-me demasiado fácil de copiar, bem como a Francesa e a Escocesa. Diga-mos que consigo assustar os nativos destes países ao ler textos, porque pareço um deles, embora não entenda o que estou a ler. Mais que isso, entendo sua maneira de falar e seus valores. E isto são tudo atributos adquiridos entre-vidas.

Ainda assim, devo dizer que o maior beneficio de tais experiencias, foi adquirir a capacidade para compreender a historia da humanidade num plano mais realista do que aquele que é transmitido no sistema educacional. Nem mesmo o cinema chega tão perto da realidade. E as regressões que fiz foram tão realistas, quando chocantes, pois me permitiram compreender imenso sobre a natureza humana, que de outra forma jamais teria conhecimento.

Entre estas experiências, a mais relevante para mim de todas, foi perceber que a revolução francesa foi um esquema usado contra a população, para retirar o poder das famílias legitimas monarcas a fim de criar uma ditadura. Foi, por outras palavras, um golpe militar assistido e comandado pelo clero e a maçonaria. Mas nunca teve nada a ver com a libertação do povo e nem mesmo a pobreza.

Os Franceses pagaram um preço caro pela sua estupidez. E a verdade é que esses Franceses da revolução eram um povo sujo, nojento, extremamente ignorante e fácil de manipular. E a revolução francesa foi uma tremenda injustiça cruel que matou muitos mais inocentes do que culpados, se é que existiram alguma vez alguns. Pois a verdade é que, por todo a Europa medieval, o povo, de modo geral, sempre foi pobre, tendo que viver em terras que não lhes pertenciam. E nesse contexto, os monarcas foram de grande utilidade publica, ao organizarem a sociedade de acordo com hierarquias auto-sustentáveis, e com uma assistência e apoio directo, tal como os governos monárquicos fazem hoje em países, devemos dizer, muito mais prósperos que outros onde a democracia toma conta do poder. De modo geral, o povo sempre foi vitima da sua própria estupidez, e nunca de suas revoluções, governantes ou situação socioeconômica.

As minhas reencarnações posteriores têm me mostrado este facto de modo evidente, pois já fui bem mais traído nesta vida do que em vidas anteriores, e sempre por ter realizado algo melhor que outros, ou porque minha popularidade constitui uma ameaça aos que procuram usar a manipulação, o que serve para provar que a larga maioria das pessoas são tão estúpidas e covardes hoje como sempre foram.

A única diferença, diria, é que esta manipulação é hoje mais difícil de identificar, e encontra-se mais diluída, entre os funcionários dos governos, as instituições bancarias, os psicólogos, os psiquiatras, e o sistema educativo de modo geral. E no que respeita ao ultima caso, devo dizer que a maioria dos professores são tão estupidos que não percebem que foram treinados para manipular, e o fazem de modo tão inconsciente que não se podem dar conta de que sua arrogância esconde uma enorme falta de capacidade para realmente educar. Se quer uma prova disto, pergunte a qualquer professor o seguinte: Como se aprende? Pois, se não sabem como seus estudantes aprendem, seu ensino é uma palhaçada. E se seguir este caminho, aproveite e pergunte também a um psiquiatra, ou psicologo, o que é a saude mental. Pois se não souberem explicar bem, provam o mesmo.

A verdade é que ninguém está a curar doenças mentais porque não existe uma compreensão sequer do que isso é. E ninguém está realmente a ensinar, porque não existe qualquer compreensão sobre como os seres humanos processam a informação. Existem muitas teorias sobre tudo, é certo, mas essas teorias são assentes em falsidades. E será necessário que um dia entremos em contacto com civilizações extraterrestres muito mais avançadas para que esta ilusão desvaneça do mundo, ainda que muitos possam cometer suicídio no processo, por não serem capazes de lidar com o facto de que toda a sua existência tem sido uma grande mentira e tem sido para da mesma ilusão há muitas reencarnações.

A Transmutação da Identidade

A morte não assume aspetos negativos em si, nem trata de interrupções, mas antes duma libertação, a qual permite a formação duma realidade posterior mais adequada do que a presente. Ninguém é castigado na vida seguinte, mas todos viverão a vida mais adequada ao nível da consciência entretanto adquirida. O sofrimento tem, com frequência, o objetivo de nos alertar para uma vida que não está a ser vivida em função do espírito e que é vazia de significados. Logo, na vida seguinte, o ser viverá uma realidade que force ainda mais a busca do sentido da sua existência, o que se traduz em viver ainda com mais pressão de modo a encontrá-la. Para que a realidade se ajuste à espiritualidade do ser, ele sempre encontrará o mundo mais adequado a si, bem como o contexto mais propício entre as dinâmicas que regem a harmonia existencial no universo. Poderemos reencarnar num outro período temporal ou numa outra realidade dimensional, ou mesmo noutro mundo. Mas, aquilo que hoje vivemos é o que amanhã teremos. Devemos, portanto, ter em atenção os ciclos inacabados da nossa existência – as nossas preocupações, ansiedade, desejos, sonhos não atingidos, etc.

Na verdade, estes estados emocionais estão por detrás de praticamente todas as doenças físicas e mentais, pelo que são relativamente fáceis de reconhecer. Os arrependimentos, com os quais muita gente vive, tornam-nas frustradas, infelizes, e, em ultima instância, doentes, diminuindo seus anos de vida. Quanto mais paz em si mesmo o ser encontrar, mais certo poderá estar de ter encontrado o seu caminho espiritual e uma melhor reencarnação. Não se trata tanto do que a morte pode mudar, mas antes do que a vida permite modificar. Pois, a morte apenas existe para a personalidade e não para o espírito. Salvo raros casos de pessoas famosas, a identidade social termina com a morte, mas a consciência que essa identidade incorporou e desenvolveu, nas suas experiências sociais e em sintonia com o mundo material, permanece com o espírito para além da morte do corpo. Tudo o que não foi possível transformar em tempo presente, terá uma oportunidade para isso, caso seja relevante para o indivíduo, num tempo futuro, numa outra vida.

Torna-se óbvio, portanto, quando olhamos em redor, que o mundo se vem tornando muito mais fácil para os cientistas, pintores, músicos, escultores, escritores, e demais indivíduos que pretendam exprimir seu potencial espiritual e criativo, não obstante as dificuldades que ainda suportem durante seu percurso no planeta. Mais que isto, quanto mais podermos resolver na nossa vida atual em respeito ao nosso karma, menos carga traremos connosco para as vidas seguintes.

"Não estamos geralmente preparados para a verdade, razão pela qual ela nos é revelada progressivamente" (Chip Brogden). Mas, tudo é possível, na vida e na morte. Não há nada que não possa ser solucionado de algum modo na nossa vida presente ou depois dela. Tudo possui solução, ainda que esta não coincida com o nosso conceito de resolução para uma problemática. Sempre que um problema desapareça da nossa consciência, podemos dizer que ele está solucionado, independentemente do modo como isso ocorreu. Pelo que, é na consciência que encontramos a fórmula para solucionar do melhor modo a nossa vida.

Por vezes, seguindo a consciência, poderemos transformar tanto a nossa vida presente, que sentiremos estar a viver diferentes com personalidades. Trata-se da sensação de deixarmos de ser quem fomos para viver na pele duma nova pessoa. Sempre que isso sucede, significa que fomos bem sucedidos em transformar a nossa vida, e devemos continuar esse caminho por forma a adquirir o máximo de felicidade possível.

Quanto mais seguirmos a voz da nossa consciência, mais transformaremos a nossa realidade presente. E essas transformações serão tão significativas que parecerá que morremos para renascer no corpo dum novo indivíduo.

A vida segue mais rápido para quem se encontra em sintonia com a energia divina e encontrou o propósito de Deus na sua felicidade pessoal. Para estas pessoas, a vida é um mundo de oportunidades na senda da felicidade. E, para elas, a morte assumirá um papel irrisório, pois, para quem vive a vida em pleno, a morte será menos temida, visto que não é tão desconhecida.

O PROPÓSITO DA SUA ALMA

Esta pessoa já viveu a morte de si própria, em tempo presente, sempre que abdicou do que aparenta aos outros em prol da sua felicidade pessoal. Trata-se do que muito explicam como a morte do ego, embora seja isto e muito mais. É um processo alquímico de transformação interior, a todos os níveis, i.e., intelectual, emocional, espiritual e até mesmo sexual. A energia sexual, por ser primordialmente de origem biológica, representa um dos estados mais difíceis de transformar, mas também o mais relevante para avaliar a nossa transição de personalidade.

A verdade interior é sempre superior a qualquer interpretação ou razão externa ao sujeito. Mas não há moral que assuma maior razão que a ética pessoal, e é por isso que governos opressores sempre serão destruídos pela população sem escrúpulos à qual deram origem.

Por este motivo, e porque grande parte da população se encontra em níveis de humanismo e consciência extremamente baixos, somos muitas vezes, para podermos atingir maiores níveis de felicidade, obrigados a fazer sacrifícios, nos quais se inclui toda a imagem de quem somos, e a possibilidade de ganharmos má reputação. Isto implica o abdicar do orgulho, dos bens, dos amigos e da segurança material, em prol dos sonhos. Todas as transformações exigem estas moedas de troca, e quem já emigrou por melhores condições de vida conhece-as bem. Só aos mais corajosos e ousados no caminho da felicidade pertence o destino de Deus, embora esteja gravado no espírito de todos os seres humanos.

É mais difícil ser infeliz do que feliz. Só a ilusão criada pela maioria das pessoas que pensa o contrário, nos leva a pensar que não é assim. Basta tentar ignorar um problema e notar como os outros reagem a isso, mesmo quando o problema não lhes pertença, para perceber isto. No mundo em que vivemos, quem não vê os noticiários e não lê jornais, é sempre visto como um desajustado social, um ignorante ou mesmo um louco. Essa gente desconhece que é mais importante passar o dia a observar uma bela flor e a apanhar sol, do que a olhar para uma caixa cheia de histórias de terror e guerra. Pelo que, não podemos solucionar a larga maioria de nossos problemas, mas aprender a ignorá-los é, verdadeiramente, uma arte.

About the Publisher

This book was published by the 22 Lions Bookstore.
For more books like this visit www.22Lions.com.
Join us on social media at:
Fb.com/22Lions;
Twitter.com/22lionsbookshop;
Instagram.com/22lionsbookshop;
Pinterest.com/22LionsBookshop.

www.ingramcontent.com/pod-product-compliance
Lightning Source LLC
Chambersburg PA
CBHW050446010526
44118CB00013B/1705